I0490785

Virtuell erfolgreich
Wie du als virtuelle
Assistentin durchstartest

Einleitung - Willkommen in der Welt der virtuellen Assistentin!

Willkommen in der Welt der virtuellen Assistentin! Wenn du dieses Buch in die Hand nimmst, bist du vielleicht auf der Suche nach einer neuen Herausforderung in deinem Leben. Oder du möchtest deine Karriere auf das nächste Level bringen, indem du deine Fähigkeiten und Talente als virtuelle Assistentin nutzt. Egal aus welchem Grund du hier bist, wir begrüßen dich herzlich und freuen uns darauf, dir alles beizubringen, was du wissen musst, um erfolgreich in dieser aufregenden und wachsenden Branche zu sein.

Als virtuelle Assistentin hast du die Möglichkeit, von überall auf der Welt aus zu arbeiten. Du kannst deinen Kunden helfen, ihre Unternehmen effektiver zu führen und gleichzeitig deine eigenen Fähigkeiten und Talente nutzen. Ob du nun eine Mutter bist, die von zu Hause aus arbeiten möchte, oder ein Reisender, der seine Arbeit mit auf die Reise nehmen möchte, die Welt der virtuellen Assistentin bietet unzählige Möglichkeiten.

Doch bevor du in diese Welt eintauchst, ist es wichtig zu verstehen, was eine virtuelle Assistentin eigentlich ist. Im Kern ist eine virtuelle Assistentin eine Person, die administrative und andere Aufgaben für ihre Kunden übernimmt. Diese Aufgaben können von einfachen Schreib- oder Rechercheaufgaben bis hin zur Buchhaltung und Marketing-Unterstützung reichen. Virtuelle Assistentinnen können auch als Projektmanagerinnen fungieren und die Fäden zwischen verschiedenen Teams oder Auftragnehmern ziehen.

Eine der größten Vorteile, virtuelle Assistentin zu sein, ist die Flexibilität, die es dir ermöglicht, dein Leben so zu gestalten, wie du es möchtest. Du kannst von zu Hause aus oder von jedem anderen Ort aus arbeiten, an dem du eine Internetverbindung hast. Du kannst deine Arbeitszeiten so gestalten, dass sie zu deinem Leben passen, ob du nun tagsüber oder nachts arbeitest. Und du kannst deine Arbeit auf die Art und Weise erledigen, die für dich am effektivsten ist, sei es durch die Nutzung von bestimmten Tools und Ressourcen oder durch die Zusammenarbeit mit anderen virtuellen Assistentinnen.

In diesem Buch werden wir dir alles beibringen, was du wissen musst, um eine erfolgreiche virtuelle Assistentin zu sein. Wir werden dir zeigen, wie du Kunden findest, wie du effektiv kommunizierst, wie du dich selbst vermarktest und wie du dich organisierst. Wir werden dir auch zeigen, wie du deine Fähigkeiten verbessern und mit Herausforderungen umgehen kannst, die bei der Arbeit als virtuelle Assistentin auftreten können.

Egal, ob du deine Karriere auf das nächste Level bringen oder einfach nur mehr Flexibilität in deinem Leben haben möchtest, wir werden dich auf deiner Reise als virtuelle Assistentin unterstützen. Also schnall dich an und mach dich bereit für eine aufregende Reise in die Welt der virtuellen Assistentin!

Was ist eine virtuelle Assistentin?

Als virtuelle Assistentin hast du die Möglichkeit, von überall auf der Welt aus zu arbeiten und deine Fähigkeiten und Talente für eine Vielzahl von Aufgaben einzusetzen. Doch bevor wir uns damit befassen, wie du als virtuelle Assistentin erfolgreich sein kannst, ist es wichtig zu verstehen, was eine virtuelle Assistentin eigentlich ist.

Im Kern ist eine virtuelle Assistentin eine Person, die administrative und andere Aufgaben für ihre Kunden übernimmt. Diese Aufgaben können von einfachen Schreib- oder Rechercheaufgaben bis hin zur Buchhaltung und Marketing-Unterstützung reichen. Virtuelle Assistentinnen können auch als Projektmanagerinnen fungieren und die Fäden zwischen verschiedenen Teams oder Auftragnehmern ziehen.

Was unterscheidet eine virtuelle Assistentin von anderen Arten von Assistentinnen? Der größte Unterschied liegt darin, dass virtuelle Assistentinnen von überall aus arbeiten können, solange sie Zugang zum Internet haben. Das bedeutet, dass du als virtuelle Assistentin nicht an einen bestimmten Ort gebunden bist, um deine Arbeit zu erledigen. Du kannst von zu Hause aus oder von jedem anderen Ort aus arbeiten, an dem du eine Internetverbindung hast.

Ein weiterer Vorteil, eine virtuelle Assistentin zu sein, ist die Flexibilität, die es dir ermöglicht, deine Arbeitszeiten so zu gestalten, dass sie zu deinem Leben passen. Du kannst deine Arbeit auf die Art und Weise erledigen, die für dich am effektivsten ist, sei es durch die Nutzung von bestimmten Tools und Ressourcen oder durch die Zusammenarbeit mit anderen virtuellen Assistentinnen. Du kannst auch entscheiden, welche Art von Arbeit du annimmst und welche Art von Kunden du unterstützt.

Eine virtuelle Assistentin zu sein, erfordert jedoch auch bestimmte Fähigkeiten und Eigenschaften. Dazu gehören eine starke Arbeitsmoral, Selbstmotivation, Organisationsfähigkeit, eine Fähigkeit zur Priorisierung und ein hohes Maß an Flexibilität. Du musst auch in der Lage sein, effektiv zu kommunizieren und Beziehungen zu deinen Kunden aufzubauen und aufrechtzuerhalten.

Zusammenfassend lässt sich sagen, dass eine virtuelle Assistentin eine Person ist, die administrative und andere Aufgaben für ihre Kunden von überall aus erledigt, solange sie Zugang zum Internet hat. Diese Branche bietet Flexibilität, Freiheit und eine Vielzahl von Möglichkeiten, um deine Fähigkeiten und Talente zu nutzen. Wenn du die richtigen Fähigkeiten und Eigenschaften mitbringst, kannst du als virtuelle Assistentin erfolgreich sein und ein erfülltes Leben führen.

Vorbereitung auf den Job

Wenn du den Traum hast, als virtuelle Assistentin zu arbeiten, ist es wichtig, dich auf den Job vorzubereiten und sicherzustellen, dass du alle Fähigkeiten und Ressourcen hast, die du benötigst, um erfolgreich zu sein. In diesem Kapitel werden wir uns einige der wichtigsten Schritte ansehen, die du unternehmen kannst, um dich auf den Job vorzubereiten.

1. Fähigkeiten entwickeln: Als virtuelle Assistentin musst du in der Lage sein, eine Vielzahl von Aufgaben zu erledigen, von der Organisation von Terminen bis zur Buchhaltung und zum Marketing. Es ist wichtig, dass du deine Fähigkeiten in diesen Bereichen entwickelst und verfeinerst. Es gibt viele Online-Kurse, Webinare und Workshops, die dir dabei helfen können, diese Fähigkeiten zu erwerben und zu verbessern.

2. Einrichtung des Arbeitsplatzes: Ein wichtiger Teil der Vorbereitung auf den Job als virtuelle Assistentin ist die Einrichtung deines Arbeitsplatzes. Stelle sicher, dass du über die notwendigen technischen Geräte und Ressourcen verfügst, um deine Arbeit zu erledigen, wie zum Beispiel einen Laptop oder Computer, eine stabile Internetverbindung und Software für die Projektverwaltung oder Buchhaltung.

3. Erstellung eines Portfolios: Ein Portfolio ist ein wichtiger Teil deiner Bewerbungsunterlagen als virtuelle Assistentin. Es zeigt potenziellen Kunden, was du zu bieten hast, welche Erfahrungen und Fähigkeiten du hast und welche Aufgaben du

erfolgreich erledigen kannst. Stelle sicher, dass dein Portfolio aussagekräftig und professionell gestaltet ist.

4. Networking: Networking ist ein wichtiger Teil der Vorbereitung auf den Job als virtuelle Assistentin. Es gibt viele Online-Plattformen und Communities, die es dir ermöglichen, mit anderen virtuellen Assistentinnen in Kontakt zu treten, dich auszutauschen und wertvolle Beziehungen aufzubauen. Auch auf LinkedIn oder Xing kannst du dich vernetzen und deine Karriere voranbringen.

5. Festlegung deiner Arbeitsbedingungen: Eine der größten Vorteile des Jobs als virtuelle Assistentin ist die Flexibilität bei der Festlegung deiner Arbeitsbedingungen. Du kannst entscheiden, wann und wo du arbeiten möchtest, welche Aufgaben du übernehmen möchtest und welche Kunden du unterstützen möchtest. Stelle sicher, dass du dir im Voraus Gedanken darüber machst, welche Arbeitsbedingungen für dich am besten geeignet sind, und dass du diese Bedingungen bei der Suche nach Kunden und Projekten berücksichtigst.

6. Finanzen planen: Als virtuelle Assistentin bist du selbstständig und musst deine eigenen Finanzen verwalten. Es ist wichtig, dass du im Voraus einen Finanzplan erstellst und dich über Steuern, Versicherungen und andere Aspekte der Selbstständigkeit informierst. Auch hier gibt es viele Online-Ressourcen und Communities, die dir dabei helfen können.

Insgesamt erfordert die Vorbereitung auf den Job als virtuelle Assistentin Zeit und Engagement, aber es lohnt sich, sich gut vorzubereiten. Wenn du alle Schritte in diesem Kapitel befolgst, kannst du sicher sein, dass du die bestmögliche Chance hast, als virtuelle Assistentin erfolgreich zu sein. Indem du deine Fähigkeiten entwickelst, dein Arbeitsumfeld einrichtest, ein aussagekräftiges Portfolio erstellst, dich vernetzt, deine Arbeitsbedingungen festlegst und deine Finanzen planst, wirst du in der Lage sein, dich von anderen virtuellen Assistentinnen abzuheben und eine erfolgreiche Karriere aufzubauen.

Es ist auch wichtig, dass du dich selbst motivieren und disziplinieren kannst, wenn du als virtuelle Assistentin arbeitest. Wenn du von zu Hause aus arbeitest, kann es schwierig sein, eine Arbeitsethik aufrechtzuerhalten und dich zu konzentrieren. Überlege dir Strategien, wie du dich selbst motivieren und konzentrieren kannst, z.B. durch das Festlegen von Zielen, das Erstellen von To-Do-Listen und das Einrichten von Arbeitszeiten.

Eine weitere wichtige Überlegung bei der Vorbereitung auf den Job als virtuelle Assistentin ist die Wahl deines Arbeitsbereichs. Du solltest darüber nachdenken, welche Art von Kunden und Projekten du unterstützen möchtest und welche Fähigkeiten du einbringen kannst. Es gibt viele verschiedene Arten von virtuellen Assistentinnen, von administrativen und buchhaltungstechnischen bis hin zu Marketing- und Social-Media-Spezialistinnen. Überlege dir, welche Bereiche dich am meisten interessieren und in welchen du am besten arbeiten kannst.

Zusammenfassend ist die Vorbereitung auf den Job als virtuelle Assistentin ein wichtiger Schritt auf dem Weg zu einer erfolgreichen Karriere. Indem du deine Fähigkeiten entwickelst, dein Arbeitsumfeld einrichtest, ein aussagekräftiges Portfolio erstellst, dich vernetzt, deine Arbeitsbedingungen festlegst und deine Finanzen planst, wirst du in der Lage sein, dich von anderen virtuellen Assistentinnen abzuheben und eine erfolgreiche Karriere aufzubauen.

Wie man Kunden findet

Eines der wichtigsten Dinge, um als virtuelle Assistentin erfolgreich zu sein, ist es, Kunden zu finden, die deine Dienstleistungen benötigen. Es gibt viele verschiedene Möglichkeiten, wie du Kunden finden kannst, von persönlichen Empfehlungen und Networking-Events bis hin zu Online-Plattformen und Social-Media-Marketing. Hier sind einige Schritte, die du unternehmen kannst, um potenzielle Kunden zu finden:

1. Erstelle ein Portfolio: Bevor du auf die Suche nach Kunden gehst, solltest du ein Portfolio erstellen, das deine Fähigkeiten, Erfahrungen und Arbeitsproben präsentiert. Dein Portfolio sollte auch eine Liste deiner Dienstleistungen und Preise enthalten. Verwende dein Portfolio, um potenziellen Kunden zu zeigen, was du tun kannst und wie du ihnen helfen kannst.
2. Nutze Online-Plattformen: Es gibt viele Online-Plattformen, auf denen du dein Profil als virtuelle Assistentin erstellen und dich um Jobs bewerben kannst. Einige beliebte Optionen sind Upwork, Fiverr, Freelancer und Guru. Du kannst auch auf Social-Media-Plattformen wie LinkedIn und Facebook nach Jobs suchen oder deine Dienstleistungen anbieten.
3. Networking: Networking ist ein wichtiger Teil des Aufbaus deines Kundenstamms. Verbinde dich mit anderen virtuellen Assistentinnen, Unternehmen und Branchenexperten, um neue Möglichkeiten zu entdecken. Du kannst an Networking-Events und

Konferenzen teilnehmen oder Online-Gruppen und Foren nutzen, um dich mit anderen zu vernetzen.

4. Persönliche Empfehlungen: Persönliche Empfehlungen sind eine der besten Möglichkeiten, um neue Kunden zu finden. Biete deinen bestehenden Kunden an, eine Prämie zu erhalten, wenn sie neue Kunden an dich vermitteln. Du kannst auch dein persönliches Netzwerk nutzen, um potenzielle Kunden zu finden.

5. Sei aktiv auf Social Media: Social-Media-Plattformen wie LinkedIn, Twitter und Instagram können großartige Möglichkeiten sein, um neue Kunden zu finden. Teile regelmäßig Inhalte, die deine Fähigkeiten und Erfahrungen demonstrieren, um potenzielle Kunden auf dich aufmerksam zu machen. Du kannst auch nach relevanten Hashtags suchen und dich an Diskussionen beteiligen, um deine Sichtbarkeit zu erhöhen.

6. Online-Marketing: Eine weitere Möglichkeit, um Kunden zu finden, ist Online-Marketing. Erstelle eine Website und optimiere sie für Suchmaschinen, um potenzielle Kunden anzuziehen. Du kannst auch bezahlte Werbung auf Plattformen wie Google Ads und Facebook schalten, um deine Reichweite zu erhöhen.

Insgesamt gibt es viele Möglichkeiten, um Kunden zu finden, wenn du als virtuelle Assistentin arbeitest. Indem du dein Portfolio erstellst, Online-Plattformen nutzt, Netzwerke aufbaust, persönliche Empfehlungen annimmst, aktiv auf Social Media bist und Online-Marketing betreibst, wirst du in der Lage sein, eine starke Kundenbasis aufzubauen und eine erfolgreiche Karriere als virtuelle Assistentin aufzubauen.

Wie man sich auf ein Vorstellungsgespräch vorbereitet

Ein Vorstellungsgespräch ist eine wichtige Gelegenheit, um einen potenziellen Kunden davon zu überzeugen, dass du die richtige virtuelle Assistentin für sie bist. Eine gute Vorbereitung ist der Schlüssel zum Erfolg bei einem Vorstellungsgespräch. Hier sind einige Schritte, die du unternehmen kannst, um dich auf ein Vorstellungsgespräch vorzubereiten:

1. Recherche: Bevor du zum Vorstellungsgespräch gehst, solltest du dich über das Unternehmen und den Kunden informieren, für den du arbeiten möchtest. Schau dir ihre Website an und informiere dich über ihre Produkte oder Dienstleistungen. Wenn möglich, schau dir auch ihre Social-Media-Profile an, um mehr über ihr Unternehmen zu erfahren.

2. Vorbereitung von Antworten auf häufig gestellte Fragen: Überlege dir im Voraus Antworten auf häufig gestellte Fragen wie "Was sind deine Stärken und Schwächen?" oder "Wie gehst du mit Konflikten um?". Indem du im Voraus über diese Fragen nachdenkst und deine Antworten übst, wirst du selbstbewusster und besser vorbereitet sein.

3. Erstelle eine Liste von Fragen: Es ist wichtig, dass du auch Fragen an den Kunden stellst, um sicherzustellen, dass die Zusammenarbeit für beide Seiten von Vorteil ist. Erstelle eine Liste von Fragen, die du stellen möchtest, wie "Wie sehen die

Arbeitszeiten aus?" oder "Wie erfolgt die Kommunikation zwischen uns?"

4. Übe dein Elevator Pitch: Ein Elevator Pitch ist eine kurze Zusammenfassung dessen, wer du bist, was du tust und wie du einem Kunden helfen kannst. Übe deinen Elevator Pitch, damit du ihn bei Bedarf schnell und präzise präsentieren kannst.

5. Kleidung und Aussehen: Obwohl das Vorstellungsgespräch virtuell stattfindet, ist es immer noch wichtig, einen professionellen Eindruck zu machen. Achte darauf, dass du angemessen gekleidet bist und dein Erscheinungsbild gepflegt ist.

6. Technische Vorbereitungen: Stelle sicher, dass du über eine zuverlässige Internetverbindung und die notwendige Technologie verfügst, um das Vorstellungsgespräch reibungslos durchführen zu können. Teste im Voraus dein Mikrofon, deine Kamera und die verwendete Software.

7. Vorstellungsgespräch selbst: Am Tag des Vorstellungsgesprächs solltest du frühzeitig bereit sein und einen ruhigen Ort wählen, um das Gespräch durchzuführen. Sei freundlich, höflich und professionell. Stelle sicher, dass du deine Fragen stellst und die Vorteile betonst, die du dem Kunden bieten kannst.

Indem du dich auf ein Vorstellungsgespräch sorgfältig vorbereitest, wirst du in der Lage sein, einen guten Eindruck zu hinterlassen und deine Chancen auf den Job zu erhöhen. Mit der richtigen Vorbereitung und Einstellung kannst du erfolgreich als virtuelle Assistentin arbeiten und deinen Kunden den besten Service bieten.

Wie man einen Vertrag abschließt

Wenn du als virtuelle Assistentin arbeitest, ist es wichtig, dass du einen Vertrag mit deinem Kunden abschließt. Ein Vertrag schützt sowohl dich als auch den Kunden und stellt sicher, dass beide Parteien genau wissen, was von ihnen erwartet wird. Hier sind einige wichtige Schritte, die du bei der Erstellung und Unterzeichnung eines Vertrags beachten solltest:

1. Kläre die Erwartungen: Bevor du einen Vertrag erstellst, solltest du mit deinem Kunden klären, welche Erwartungen er hat. Welche Dienstleistungen sollen erbracht werden, wie oft sollen sie erbracht werden und was ist der Zeitrahmen? Stelle sicher, dass beide Parteien ein klares Verständnis davon haben, was erwartet wird.
2. Definiere die Bezahlung: Es ist wichtig, dass du eine klare Vereinbarung über die Bezahlung triffst. Legt den Stundensatz oder den Projektbetrag fest und vereinbart, wie die Bezahlung erfolgt und welche Zahlungsbedingungen gelten.
3. Schreibe den Vertrag: Wenn du die Erwartungen und Bezahlung geklärt hast, kannst du den Vertrag schreiben. Achte darauf, dass alle relevanten Informationen enthalten sind, wie zum Beispiel Name und Anschrift beider Parteien, Leistungsbeschreibung, Honorar und Zahlungsbedingungen.
4. Lass den Vertrag überprüfen: Wenn du unsicher bist, ob der Vertrag rechtlich bindend ist oder bestimmte Klauseln enthalten sein müssen, solltest du ihn von einem Anwalt überprüfen lassen.

5. Unterzeichnung: Wenn der Vertrag fertig ist, sollten beide Parteien ihn unterzeichnen. Es ist wichtig, dass alle Parteien eine Kopie des Vertrags erhalten.
6. Kommunikation: Stelle sicher, dass die Kommunikation mit deinem Kunden während der Zusammenarbeit klar und transparent bleibt. Halte dich an den Vertrag und informiere deinen Kunden im Voraus, wenn sich Änderungen ergeben.

Es ist wichtig, dass du einen Vertrag mit deinem Kunden abschließt, um sicherzustellen, dass du fair bezahlt wirst und dass alle Erwartungen klar definiert sind. Mit einem gut ausgearbeiteten Vertrag bist du bereit, erfolgreich als virtuelle Assistentin zu arbeiten und deinen Kunden den besten Service zu bieten.

Zeitmanagement

Als virtuelle Assistentin ist Zeitmanagement einer der wichtigsten Faktoren für deinen Erfolg. Da du in der Regel für mehrere Kunden gleichzeitig arbeitest, kann es schwierig sein, Prioritäten zu setzen und deine Zeit effektiv zu nutzen. Hier sind einige Tipps, wie du dein Zeitmanagement verbessern und deinen Tag optimal gestalten kannst:

1. Erstelle einen Zeitplan: Beginne deinen Tag damit, einen Zeitplan zu erstellen. Notiere alle Aufgaben, die erledigt werden müssen, und teile sie in Prioritäten ein. Stelle sicher, dass du realistische Ziele setzt, um Überforderung und Stress zu vermeiden.
2. Nutze eine To-Do-Liste: Erstelle eine Liste mit allen Aufgaben, die erledigt werden müssen, und arbeite sie nach Priorität ab. Wenn du eine Aufgabe erledigt hast, streiche sie von der Liste und gehe zur nächsten über.
3. Verwende einen Kalender: Nutze einen Kalender, um wichtige Termine und Deadlines zu notieren. Du kannst auch Erinnerungen und Benachrichtigungen einrichten, um sicherzustellen, dass du keine wichtigen Termine verpasst.
4. Setze klare Ziele: Wenn du klare Ziele hast, wird es dir einfacher fallen, Prioritäten zu setzen und deine Zeit effektiv zu nutzen. Stelle sicher, dass du realistische Ziele setzt, die du erreichen kannst.
5. Vermeide Ablenkungen: Ablenkungen können deine Produktivität beeinträchtigen und deine Zeit verschwenden. Vermeide Ablenkungen, indem du

während der Arbeit den Fernseher ausschaltest und deine Social-Media-Aktivitäten einschränkst.

6. Priorisiere wichtige Aufgaben: Priorisiere wichtige Aufgaben und erledige sie zuerst. Wenn du die wichtigsten Aufgaben erledigt hast, fühlst du dich produktiver und hast weniger Stress.

7. Delegiere Aufgaben: Wenn du Aufgaben hast, die du nicht alleine erledigen kannst oder die dir schwerfallen, solltest du sie delegieren. Das gibt dir mehr Zeit für andere Aufgaben und erhöht deine Effektivität.

8. Verwende Technologie: Es gibt viele Tools und Technologien, die dir dabei helfen können, dein Zeitmanagement zu verbessern. Verwende zum Beispiel Projektmanagement-Tools, die dir helfen, Aufgaben zu organisieren und zu priorisieren.

9. Setze Pausen: Pausen sind wichtig, um produktiv zu bleiben. Plane regelmäßige Pausen ein, um dich zu entspannen und neue Energie zu tanken.

Ein erfolgreiches Zeitmanagement kann dazu beitragen, dass du produktiver, effektiver und weniger gestresst bist. Wenn du diese Tipps befolgst, wirst du deinen Tag besser planen und deine Arbeit als virtuelle Assistentin effektiv erledigen können.

Wie man sich organisiert

Als virtuelle Assistentin ist es wichtig, dass du dich gut organisiert und strukturiert hast, um erfolgreich zu sein. Hier sind einige Tipps, wie du dich als virtuelle Assistentin organisieren kannst:

1. Erstelle ein System für die Aufgabenorganisation: Es gibt viele verschiedene Möglichkeiten, wie du deine Aufgaben organisieren kannst, zum Beispiel durch die Verwendung von Aufgabenlisten, Notizen oder Projektmanagement-Tools. Finde heraus, was für dich am besten funktioniert, und nutze es konsequent.

2. Schaffe einen Arbeitsbereich: Es ist wichtig, einen geeigneten Arbeitsplatz zu haben, an dem du effektiv arbeiten kannst. Stelle sicher, dass du einen ruhigen und ungestörten Bereich hast, an dem du konzentriert arbeiten kannst.

3. Nutze die Cloud: Eine Cloud-basierte Speicherlösung wie Dropbox oder Google Drive kann dir helfen, deine Dateien und Dokumente zu organisieren und aufzubewahren, ohne dass du Platz auf deinem Computer oder deiner Festplatte verschwendest.

4. Verwende einen Kalender: Nutze einen Kalender, um wichtige Termine und Deadlines zu notieren. Du kannst auch Erinnerungen und Benachrichtigungen einrichten, um sicherzustellen, dass du keine wichtigen Termine verpasst.

5. Delegiere Aufgaben: Wenn du Aufgaben hast, die du nicht alleine erledigen kannst oder die dir schwerfallen, solltest du sie delegieren. Das gibt dir

mehr Zeit für andere Aufgaben und erhöht deine Effektivität.

6. Schaffe einen klaren Arbeitsablauf: Erstelle einen klaren Arbeitsablauf, der dir hilft, dich auf deine Aufgaben zu konzentrieren und dich organisiert zu halten. Das kann beispielsweise das Festlegen bestimmter Arbeitszeiten oder das Erstellen von Vorlagen für wiederkehrende Aufgaben umfassen.

7. Stelle sicher, dass du alle notwendigen Tools und Technologien hast: Wenn du als virtuelle Assistentin arbeitest, benötigst du möglicherweise bestimmte Tools oder Technologien, um deine Arbeit zu erledigen. Stelle sicher, dass du über alle notwendigen Ressourcen verfügst, um deine Aufgaben effektiv erledigen zu können.

8. Plane regelmäßige Pausen ein: Pausen sind wichtig, um produktiv zu bleiben und dich zu entspannen. Plane regelmäßige Pausen ein, um dich zu erholen und neue Energie zu tanken.

9. Priorisiere deine Aufgaben: Priorisiere deine Aufgaben, um sicherzustellen, dass du deine Zeit und Ressourcen effektiv nutzt. Konzentriere dich auf die wichtigsten Aufgaben zuerst und arbeite dich dann durch die restlichen Aufgaben.

Eine gute Organisation ist der Schlüssel zum Erfolg als virtuelle Assistentin. Wenn du diese Tipps befolgst, wirst du dich besser organisieren und deine Arbeit effektiver erledigen können.

Kommunikation mit Kunden

Als virtuelle Assistentin ist es wichtig, dass du eine klare und effektive Kommunikation mit deinen Kunden aufrechterhältst, um sicherzustellen, dass du ihre Erwartungen erfüllst und eine gute Beziehung zu ihnen aufbaust. Hier sind einige Tipps, wie du erfolgreich mit deinen Kunden kommunizieren kannst:

1. Kläre Erwartungen und Ziele: Kläre von Anfang an die Erwartungen und Ziele deines Kunden, um sicherzustellen, dass du weißt, was von dir erwartet wird. Vereinbare klare Ziele und Deadlines, um sicherzustellen, dass du die Arbeit pünktlich und gemäß den Vorgaben abschließt.

2. Nutze die richtigen Kommunikationskanäle: Wähle den richtigen Kanal, um mit deinem Kunden zu kommunizieren. Dies kann E-Mail, Telefon oder eine andere Plattform sein, die deinem Kunden bevorzugt.

3. Verwende eine klare und professionelle Sprache: Verwende eine klare und professionelle Sprache in deinen E-Mails und anderen Kommunikationskanälen. Stelle sicher, dass du keine Grammatik- oder Rechtschreibfehler hast und dass deine Nachrichten leicht verständlich sind.

4. Halte dich an Deadlines: Halte dich immer an Deadlines und benachrichtige deinen Kunden, wenn es zu Verzögerungen kommen sollte. Dies hilft, Vertrauen und Glaubwürdigkeit aufzubauen.

5. Sei proaktiv: Sei proaktiv und melde dich regelmäßig bei deinem Kunden, um über den Fortschritt der Arbeit zu berichten oder mögliche

Probleme zu besprechen. Dadurch zeigst du, dass du engagiert bist und dich um das Projekt kümmern.

6. Höre aktiv zu: Höre aktiv zu, wenn dein Kunde mit dir spricht und stelle sicher, dass du seine Bedürfnisse und Wünsche verstehst. Das hilft, die Zusammenarbeit effektiver zu gestalten und eine positive Arbeitsbeziehung aufzubauen.

7. Behandle Feedback konstruktiv: Behandle Feedback konstruktiv und nutze es, um deine Arbeitsweise zu verbessern. Zeige deinem Kunden, dass du bereit bist, Kritik anzunehmen und dich zu verbessern.

8. Kläre Missverständnisse: Kläre Missverständnisse sofort, um sicherzustellen, dass beide Parteien die gleiche Vorstellung haben. Dies hilft, Konflikte zu vermeiden und eine reibungslose Zusammenarbeit zu gewährleisten.

9. Sei respektvoll: Behandle deinen Kunden respektvoll und professionell. Vermeide negative Äußerungen oder Konfrontationen und halte dich an eine angemessene Sprache und Tonlage.

Eine gute Kommunikation ist entscheidend für eine erfolgreiche Zusammenarbeit mit deinen Kunden. Wenn du diese Tipps befolgst, kannst du eine effektive Kommunikation aufrechterhalten und eine positive Beziehung zu deinen Kunden aufbauen.

Marketing für virtuelle Assistentinnen

Marketing ist ein wesentlicher Bestandteil des Betriebs eines erfolgreichen Unternehmens. Es ermöglicht dir, deine Marke und deine Dienstleistungen zu bewerben und neue Kunden zu gewinnen. Im Folgenden werden wir einige Tipps und Strategien besprechen, die dir dabei helfen können, dein Marketing als virtuelle Assistentin zu verbessern.

1. Erstelle eine professionelle Website

Eine professionelle Website ist ein Muss für jede virtuelle Assistentin. Sie dient als deine digitale Visitenkarte und ist oft der erste Eindruck, den potenzielle Kunden von dir erhalten. Stelle sicher, dass deine Website benutzerfreundlich ist und dein Portfolio, deine Dienstleistungen und Kontaktdaten klar und deutlich angezeigt werden.

2. Nutze Social Media

Social Media ist eine großartige Möglichkeit, um dein Unternehmen zu bewerben und deine Reichweite zu vergrößern. Erstelle Profile auf Plattformen wie LinkedIn, Twitter, Facebook und Instagram und veröffentliche regelmäßig Beiträge, die deine Dienstleistungen bewerben und Einblicke in deine Arbeit geben. Vergiss nicht, auch auf deine Kunden zu reagieren und mit ihnen zu interagieren.

3. Schaffe hochwertigen Content

Content ist King - das gilt auch für virtuelle Assistentinnen. Indem du hochwertigen Content erstellst, der deine Expertise und Fähigkeiten demonstriert, kannst du dein Publikum erweitern und das Vertrauen deiner Kunden gewinnen. Du kannst Blog-Posts, E-Books, Whitepapers oder Videos erstellen, die dein Fachwissen zeigen und einen Mehrwert für deine Kunden bieten.

4. Nutze E-Mail-Marketing

E-Mail-Marketing ist eine hervorragende Möglichkeit, um direkt mit deinen Kunden zu kommunizieren. Stelle sicher, dass du regelmäßig E-Mails an deine Kunden sendest, um sie über deine neuesten Dienstleistungen, Angebote oder Aktualisierungen zu informieren. Aber achte darauf, nicht zu viele E-Mails zu senden, um das Interesse deiner Kunden nicht zu verlieren.

5. Nutze Empfehlungen

Empfehlungen von zufriedenen Kunden sind eine der besten Möglichkeiten, um neue Kunden zu gewinnen. Bitte deine Kunden, dir eine Bewertung oder Empfehlung auf deiner Website oder auf Social-Media-Plattformen zu hinterlassen. Du kannst auch ein Empfehlungsprogramm einrichten, um deine Kunden zu belohnen, die neue Kunden an dich verweisen.

Marketing ist ein wesentlicher Bestandteil des Betriebs einer erfolgreichen virtuellen Assistentin. Indem du eine professionelle Website erstellst, Social Media nutzt, hochwertigen Content erstellst, E-Mail-Marketing betreibst und Empfehlungen nutzt, kannst du dein Geschäft ausbauen und mehr Kunden gewinnen. Sei kreativ und experimentiere mit verschiedenen Strategien, um herauszufinden, was für dein Geschäft am besten funktioniert.

Virtuelle Tools und Ressourcen

In der heutigen digitalen Welt gibt es viele virtuelle Tools und Ressourcen, die eine virtuelle Assistentin nutzen kann, um ihre Arbeit zu erleichtern und produktiver zu sein. In diesem Kapitel werden wir einige der besten virtuellen Tools und Ressourcen vorstellen, die dir als virtuelle Assistentin zur Verfügung stehen.

1. Projektmanagement-Tools: Es gibt viele Projektmanagement-Tools wie Asana, Trello und Monday, die es dir ermöglichen, Projekte und Aufgaben effektiv zu organisieren und zu verwalten. Diese Tools sind besonders nützlich, wenn du mit mehreren Kunden arbeitest und viele Projekte gleichzeitig zu bearbeiten hast.

2. Time-Tracking-Tools: Time-Tracking-Tools wie Toggl oder Harvest helfen dir, deine Arbeitszeit genau zu erfassen, was bei der Abrechnung von Stunden oder bei der Verfolgung von Projekten wichtig sein kann. Mit diesen Tools kannst du auch sehen, wie viel Zeit du für bestimmte Aufgaben benötigst, was dir helfen kann, effektiver zu arbeiten.

3. Cloud-Storage-Tools: Cloud-Storage-Tools wie Google Drive, Dropbox oder OneDrive ermöglichen dir, deine Dateien online zu speichern und von überall aus darauf zuzugreifen. Du kannst auch Dateien mit deinen Kunden teilen, was die Zusammenarbeit erleichtert.

4. Video- und Audio-Tools: Tools wie Zoom, Skype oder Google Meet sind großartige Möglichkeiten, um virtuelle Meetings und Videokonferenzen

abzuhalten. Diese Tools sind besonders nützlich, wenn du mit Kunden auf der ganzen Welt zusammenarbeitest.

5. Buchhaltungs-Tools: Buchhaltungs-Tools wie QuickBooks oder Xero helfen dir, deine Finanzen im Blick zu behalten und erleichtern das Erstellen von Rechnungen und das Verfolgen von Zahlungen.

6. Social-Media-Tools: Social-Media-Tools wie Hootsuite, Buffer oder Later sind großartig, um deine Social-Media-Profile zu verwalten und Inhalte zu planen und zu planen. Mit diesen Tools kannst du auch die Ergebnisse deiner Social-Media-Kampagnen verfolgen und analysieren.

7. Automatisierungs-Tools: Automatisierungs-Tools wie Zapier oder IFTTT ermöglichen es dir, verschiedene Tools und Apps zu automatisieren, um deine Arbeit zu erleichtern. Du kannst zum Beispiel automatisch eine E-Mail an einen Kunden senden, wenn eine bestimmte Aufgabe erledigt ist.

Diese virtuellen Tools und Ressourcen können dir als virtuelle Assistentin helfen, produktiver zu sein und deine Arbeit effektiver zu organisieren. Es gibt viele andere Tools und Ressourcen, die du nutzen kannst, um deine Arbeit zu verbessern. Es lohnt sich also, diese auszuprobieren und zu sehen, welche für dich am besten funktionieren.

Wie man seine Fähigkeiten verbessert

Als virtuelle Assistentin ist es wichtig, dass du immer auf dem neuesten Stand bleibst und deine Fähigkeiten kontinuierlich verbesserst. Durch die Verbesserung deiner Fähigkeiten kannst du nicht nur deine Leistung steigern, sondern auch dein Potenzial auf dem Markt erhöhen. In diesem Kapitel werden wir einige praktische Tipps und Strategien zur Verbesserung deiner Fähigkeiten als virtuelle Assistentin vorstellen.

1. Identifiziere deine Stärken und Schwächen

Der erste Schritt zur Verbesserung deiner Fähigkeiten ist es, deine Stärken und Schwächen zu identifizieren. Analysiere deine bisherigen Erfahrungen und überlege, welche Fähigkeiten du bereits besitzt und welche noch verbessert werden können. Wenn du deine Schwächen identifiziert hast, solltest du nach Ressourcen suchen, die dir helfen, diese zu verbessern.

2. Verfolge Trends in der Branche

Als virtuelle Assistentin solltest du immer auf dem neuesten Stand bleiben, was Trends in der Branche betrifft. Verfolge Blogs, Newsletter und Social-Media-Kanäle, um auf dem Laufenden zu bleiben. Du kannst auch an Webinaren oder Konferenzen teilnehmen, um mehr über die neuesten Entwicklungen in der Branche zu erfahren.

3. Erweitere deine Fähigkeiten

Um als virtuelle Assistentin erfolgreich zu sein, solltest du über eine Vielzahl von Fähigkeiten verfügen. Neben den grundlegenden Fähigkeiten wie Kundenbetreuung und Zeitmanagement solltest du auch spezialisierte Fähigkeiten wie Buchhaltung, Social-Media-Management und Marketing besitzen. Überlege, welche Fähigkeiten du benötigst, um deinen Kunden die bestmögliche Unterstützung zu bieten, und investiere Zeit und Energie in deren Erweiterung.

4. Nutze Online-Kurse und -Ressourcen

Es gibt eine Vielzahl von Online-Kursen und -Ressourcen, die dir helfen können, deine Fähigkeiten als virtuelle Assistentin zu verbessern. Schau dich nach Kursen um, die speziell auf deine Bedürfnisse zugeschnitten sind, und investiere in Weiterbildungen, die dir helfen, dich weiterzuentwickeln. Es gibt auch viele Online-Ressourcen wie Tutorials, E-Books und Podcasts, die dir helfen können, dein Wissen zu erweitern.

5. Suche nach Mentoren und Netzwerken

Mentoren und Netzwerke sind wichtige Ressourcen, um deine Fähigkeiten zu verbessern. Suche nach Mentoren, die in deinem Bereich tätig sind und dir wertvolle Ratschläge und Anleitungen geben können. Du kannst auch Online-Communities und Netzwerke nutzen, um dich mit anderen virtuellen Assistentinnen auszutauschen und von ihren Erfahrungen zu lernen.

6. Fordere dich heraus

Um deine Fähigkeiten zu verbessern, solltest du dich regelmäßig herausfordern und neue Herausforderungen annehmen. Wenn du dich in einem bestimmten Bereich wohl fühlst, solltest du neue Aufgaben suchen, die deine Fähigkeiten erweitern und dich weiterentwickeln. Setze dir Ziele, die dich dazu motivieren, deine Fähigkeiten zu verbessern.

Um deine Fähigkeiten als virtuelle Assistentin zu verbessern, gibt es verschiedene Wege, die du einschlagen kannst. Hier sind einige Möglichkeiten, die du in Betracht ziehen kannst:

1. Weiterbildungskurse: Es gibt viele Online-Kurse, die sich speziell an virtuelle Assistentinnen richten und dir dabei helfen können, deine Fähigkeiten zu verbessern. Diese Kurse decken verschiedene Themen ab, von Büroverwaltung und Zeitmanagement bis hin zu Social Media Marketing und Content-Erstellung. Suche nach Kursen, die zu deinen Interessen und Bedürfnissen passen.
2. Bücher und Blogs: Lesen ist eine großartige Möglichkeit, um dein Wissen und deine Fähigkeiten zu erweitern. Es gibt viele Bücher und Blogs, die sich mit den Themen Büroverwaltung, Zeitmanagement, Marketing und mehr befassen. Finde einige Ressourcen, die dich ansprechen, und nutze sie als Quelle für Inspiration und Wissen.
3. Praktische Erfahrung: Übung macht den Meister! Je mehr praktische Erfahrung du sammelst, desto besser wirst du in deinem Job als virtuelle Assistentin. Suche nach Möglichkeiten, um dein Wissen anzuwenden und neue Fähigkeiten zu erlernen. Übernehme zum Beispiel zusätzliche Aufgaben von deinen Kunden, die dich herausfordern oder arbeite an Projekten, die du noch nie zuvor gemacht hast.

4. Netzwerken: Das Knüpfen von Kontakten in deiner Branche kann dir helfen, neue Fähigkeiten zu erlernen und dich zu verbessern. Suche nach Online-Gruppen und Foren, in denen du dich mit anderen virtuellen Assistentinnen austauschen kannst. Hier kannst du Fragen stellen, Ideen austauschen und von den Erfahrungen anderer lernen.

5. Feedback einholen: Es ist wichtig, Feedback von deinen Kunden zu bekommen, um zu erfahren, was du gut machst und wo du dich verbessern kannst. Bitte deine Kunden um regelmäßiges Feedback und nimm ihre Vorschläge und Anregungen ernst. Wenn du weißt, wo deine Stärken und Schwächen liegen, kannst du gezielt daran arbeiten, deine Fähigkeiten zu verbessern.

Denke daran, dass die Verbesserung deiner Fähigkeiten als virtuelle Assistentin ein fortlaufender Prozess ist. Es erfordert Zeit, Geduld und Engagement, um deine Fähigkeiten zu erweitern und zu verfeinern. Aber mit der richtigen Einstellung und den richtigen Ressourcen kannst du deine Fähigkeiten auf die nächste Stufe bringen und eine erfolgreiche Karriere als virtuelle Assistentin aufbauen.

Arbeitsrechtliche Aspekte

Als virtuelle Assistentin ist es wichtig, sich über die arbeitsrechtlichen Aspekte zu informieren, um sicherzustellen, dass man fair behandelt wird und alle gesetzlichen Bestimmungen eingehalten werden. Es kann schwierig sein, sich durch den Dschungel von Gesetzen und Vorschriften zu navigieren, aber es ist von entscheidender Bedeutung, um Konflikte und rechtliche Probleme zu vermeiden.

Es gibt einige Dinge, die man beachten sollte, wenn man eine virtuelle Assistentin ist, insbesondere in Bezug auf Arbeitsverträge, Arbeitszeiten und Vergütung. Hier sind einige der wichtigsten arbeitsrechtlichen Aspekte, die man kennen sollte:

1. Arbeitsvertrag: Ein Arbeitsvertrag ist ein wichtiges Dokument, das die Bedingungen und Konditionen der Zusammenarbeit zwischen der virtuellen Assistentin und dem Kunden festlegt. Der Vertrag sollte detaillierte Angaben zu den Arbeitsaufgaben, der Vergütung, dem Arbeitszeitplan, den Urlaubsansprüchen, den Arbeitsbedingungen und dem Kündigungsprozess enthalten.

2. Arbeitszeiten: Als virtuelle Assistentin arbeitet man normalerweise von zu Hause aus und hat die Freiheit, die Arbeitszeiten selbst zu gestalten. Es ist jedoch wichtig, eine klare Vereinbarung mit dem Kunden zu treffen, insbesondere wenn es um die Arbeitszeit geht. Man sollte sich darüber im Klaren sein, wie viele Stunden pro Woche man arbeiten

muss, wie Überstunden vergütet werden und wie man für Notfälle und Abwesenheiten vorsorgt.

3. Vergütung: Die Vergütung ist ein wichtiger Aspekt der Zusammenarbeit zwischen einer virtuellen Assistentin und ihrem Kunden. Es gibt verschiedene Modelle der Vergütung, darunter stundenbasierte, projektbasierte oder pauschale Modelle. Es ist wichtig, dass man sich mit dem Kunden auf eine faire Vergütung einigt, die angemessen für die Arbeit und die Zeit ist, die man investiert.

4. Arbeitsgesetze: Es ist wichtig, sich über die arbeitsrechtlichen Bestimmungen in der eigenen Region oder dem eigenen Land zu informieren. Man sollte wissen, welche Gesetze und Vorschriften für die Arbeit als virtuelle Assistentin gelten und wie man sich dagegen absichert.

5. Steuern und Sozialversicherung: Als virtuelle Assistentin ist man normalerweise als Selbstständige tätig und muss daher selbst für Steuern und Sozialversicherung sorgen. Man sollte sich über die Steuervorschriften und die Registrierung als Selbstständige informieren, um sicherzustellen, dass man alle rechtlichen Anforderungen erfüllt.

Es ist wichtig, sich auf die arbeitsrechtlichen Aspekte als virtuelle Assistentin vorzubereiten, um rechtliche Probleme und Konflikte zu vermeiden. Man sollte sich über die Gesetze und Vorschriften informieren, die für die Arbeit in der eigenen Region oder dem eigenen Land gelten, und sich mit dem Kunden auf klare Bedingungen und Konditionen einigen.

Deine finanzielle Zukunft

Als virtuelle Assistentin ist es wichtig, sich Gedanken über die finanzielle Zukunft zu machen. Du bist dein eigener Chef und musst selbst für dein Einkommen und deine Zukunftsvorsorge sorgen. In diesem Kapitel werden wir dir einige Tipps geben, wie du als virtuelle Assistentin finanziell erfolgreich sein kannst.

1. Bestimme deine Preise: Bevor du anfängst, Kunden zu akquirieren, solltest du dir Gedanken darüber machen, wie viel du pro Stunde oder Projekt berechnen möchtest. Berücksichtige dabei nicht nur deine Erfahrung, sondern auch deine Kosten wie Steuern, Sozialversicherung und andere betriebsbedingte Ausgaben.
2. Rechnungen und Zahlungen: Stelle sicher, dass du ein zuverlässiges System hast, um deine Rechnungen zu erstellen und Zahlungen von deinen Kunden zu erhalten. Es gibt viele Online-Tools und Plattformen, die dir dabei helfen können, wie z.B. PayPal, Stripe oder Freshbooks.
3. Budgetieren: Erstelle ein Budget und halte dich daran. Als virtuelle Assistentin hast du möglicherweise unregelmäßige Einkommensströme, daher ist es wichtig, dass du im Voraus planst, wie du dein Geld ausgeben möchtest.
4. Steuern: Als selbstständige virtuelle Assistentin bist du dafür verantwortlich, deine eigenen Steuern zu zahlen. Es ist wichtig, sich über die Steuergesetze in deinem Land oder Bundesstaat zu informieren und gegebenenfalls einen Steuerberater zu konsultieren.

5. Vorsorge: Auch wenn es vielleicht nicht deine Priorität ist, solltest du dich überlegen, wie du für deine Zukunft vorsorgen möchtest. Eine private Altersvorsorge oder eine Versicherung können dich absichern, wenn es mal finanziell eng wird.

6. Diversifizierung: Abhängig von deinen Fähigkeiten und Interessen solltest du auch darüber nachdenken, deine Dienstleistungen zu erweitern oder zusätzliche Einkommensquellen zu erschließen. Vielleicht möchtest du auch eigene Produkte oder Kurse erstellen oder als Affiliate Marketer arbeiten.

7. Wachstum und Expansion: Wenn du erfolgreich als virtuelle Assistentin arbeitest, kannst du auch darüber nachdenken, dein Geschäft auszubauen. Vielleicht möchtest du irgendwann ein Team von virtuellen Assistentinnen leiten oder andere Dienstleistungen anbieten.

Als virtuelle Assistentin gibt es viele Möglichkeiten, finanziell erfolgreich zu sein. Es erfordert allerdings eine sorgfältige Planung und Vorbereitung, um langfristig erfolgreich zu sein. Nutze die Ressourcen und Tools, die dir zur Verfügung stehen, und sei offen für neue Chancen und Möglichkeiten.

Tipps zur Selbstmotivation

Als virtuelle Assistentin ist es wichtig, dass du selbst motiviert bist, um erfolgreich zu sein. Du bist dein eigener Chef und es liegt an dir, dich selbst zu motivieren und sicherzustellen, dass du deine Aufgaben erledigst und deadlines einhältst.

Hier sind einige Tipps zur Selbstmotivation:

1. Setze realistische Ziele: Es ist wichtig, Ziele zu setzen, um dich motiviert zu halten. Aber es ist genauso wichtig, realistische Ziele zu setzen, die du auch erreichen kannst. Wenn du dir zu hohe Ziele setzt, kann es entmutigend sein, wenn du sie nicht erreichen kannst.
2. Belohne dich selbst: Wenn du deine Ziele erreichst, belohne dich selbst. Eine Belohnung kann so einfach sein wie eine Tasse Tee oder ein Spaziergang im Park. Indem du dich selbst belohnst, wirst du motiviert, weiterzumachen.
3. Teile deine Fortschritte mit anderen: Wenn du deine Fortschritte mit anderen teilst, wirst du ermutigt und motiviert, weiterzumachen. Du könntest einen Freund oder Familienmitglied bitten, dein Mentor zu sein und dir zu helfen, motiviert zu bleiben.
4. Bleibe positiv: Es ist wichtig, eine positive Einstellung zu haben und dich auf das Positive zu konzentrieren. Wenn du negative Gedanken hast, kann das deine Motivation beeinträchtigen. Versuche, dich auf die Dinge zu konzentrieren, die gut laufen und die Fortschritte, die du gemacht hast.

5. Nutze Visualisierung: Stelle dir vor, wie es sich anfühlt, deine Ziele zu erreichen. Visualisierung ist eine großartige Technik, um dich motiviert zu halten und dich auf dein Ziel zu konzentrieren.

6. Vermeide Ablenkungen: Ablenkungen können deine Motivation beeinträchtigen. Versuche, Ablenkungen zu vermeiden, indem du deinen Arbeitsplatz aufgeräumt hältst und eine To-Do-Liste erstellst, um dich auf deine Aufgaben zu konzentrieren.

7. Erkenne deine Erfolge an: Es ist wichtig, deine Erfolge anzuerkennen und zu feiern. Wenn du eine Aufgabe erfolgreich abgeschlossen hast, nimm dir einen Moment, um stolz auf dich zu sein.

Indem du diese Tipps zur Selbstmotivation anwendest, kannst du sicherstellen, dass du motiviert und produktiv bleibst, während du als virtuelle Assistentin arbeitest.

Wie man mit Herausforderungen umgeht

Als virtuelle Assistentin wirst du sicherlich auf Herausforderungen stoßen. Das ist ganz normal und gehört zum Arbeitsleben dazu. Es gibt jedoch Möglichkeiten, um besser mit diesen Herausforderungen umzugehen und ihnen erfolgreich zu begegnen.

1. Bleibe positiv

Es mag wie ein Klischee klingen, aber eine positive Einstellung kann wirklich einen großen Unterschied machen. Anstatt dich von Herausforderungen entmutigen zu lassen, versuche, sie als Chancen zu betrachten, um zu wachsen und neue Fähigkeiten zu erlernen.

2. Identifiziere das Problem

Wenn du mit einem Problem konfrontiert wirst, nimm dir Zeit, um es zu identifizieren und zu verstehen. Manchmal ist das Problem offensichtlich, aber oft sind die Ursachen komplexer als sie auf den ersten Blick erscheinen. Analysiere die Situation und suche nach möglichen Ursachen und Lösungen.

3. Suche nach Hilfe

Es ist keine Schande, um Hilfe zu bitten. Manchmal ist es notwendig, jemanden um Rat oder Unterstützung zu bitten, um ein Problem zu lösen. Vielleicht gibt es andere virtuelle Assistentinnen oder Kollegen, die ähnliche Erfahrungen gemacht haben und ihre Erfahrungen teilen können. Oder du kannst einen Experten oder Coach konsultieren, um dir bei bestimmten Herausforderungen zu helfen.

4. Finde neue Lösungen

Manchmal erfordert ein Problem, dass wir aus unserer Komfortzone ausbrechen und neue Lösungen finden. Sei kreativ und denke über alternative Ansätze und Methoden nach, die dir helfen können, das Problem zu lösen.

5. Lerne aus der Erfahrung

Jede Herausforderung, der du begegnest, ist eine Gelegenheit zum Lernen. Reflektiere über das, was du aus der Situation gelernt hast, und nutze dieses Wissen, um zukünftige Probleme zu vermeiden oder besser zu lösen.

6. Bleibe flexibel

Manchmal kann eine Herausforderung unvorhergesehene Veränderungen erfordern. Es ist wichtig, flexibel zu bleiben und sich an die neuen Gegebenheiten anzupassen. Sei offen für neue Ideen und Ansätze und bereit, deine Pläne zu ändern, wenn es notwendig ist.

7. Setze Prioritäten

Wenn du mehrere Herausforderungen gleichzeitig hast, ist es wichtig, Prioritäten zu setzen und zu entscheiden, welche am dringendsten gelöst werden müssen. Konzentriere dich auf eine Sache nach der anderen und arbeite dich nach und nach durch die Liste.

Als virtuelle Assistentin wirst du sicherlich auf Herausforderungen stoßen, aber du hast die Fähigkeiten und Werkzeuge, um sie zu bewältigen. Bleibe positiv, identifiziere das Problem, suche nach Hilfe, finde neue Lösungen, lerne aus der Erfahrung, bleibe flexibel und setze Prioritäten. Indem du diese Tipps befolgst, wirst du erfolgreich in der Bewältigung von Herausforderungen sein und deine Karriere als virtuelle Assistentin voranbringen.

Schlusswort

Herzlichen Glückwunsch, du hast es geschafft! Du hast dieses Buch über das Werden einer virtuellen Assistentin bis zum Ende gelesen und bist nun bestens vorbereitet, um in diese aufregende Karriere einzusteigen. Ich hoffe, dass du genauso viel Spaß beim Lesen hattest wie ich beim Schreiben.

Wie du gelernt hast, gibt es viele Schritte und Aspekte, die du beachten musst, um eine erfolgreiche virtuelle Assistentin zu werden. Aber ich bin zuversichtlich, dass du mit den richtigen Fähigkeiten, Tools und Ressourcen sowie einer großen Portion Motivation und Entschlossenheit alles erreichen kannst, was du willst.

Denke daran, dass du nicht alleine bist. Es gibt eine große Community von virtuellen Assistentinnen, die bereit sind, ihr Wissen und ihre Erfahrungen mit dir zu teilen und dich zu unterstützen. Nutze dieses Netzwerk und lerne von anderen, um noch besser zu werden.

Ich hoffe, dass dieses Buch dich inspiriert hat, deine Träume zu verfolgen und dein volles Potenzial als virtuelle Assistentin zu entfalten. Ich wünsche dir viel Glück und Erfolg auf deinem Weg!

Liebe Leserinnen und Leser,

ich hoffe, dass euch mein Buch "Virtuell erfolgreich" gefallen hat und dass es euch viele nützliche Tipps und Ratschläge für eure zukünftige Karriere als virtuelle Assistentin geben konnte.

Ich bin sehr stolz darauf, dass ich euch auf eurem Weg zur virtuellen Assistentin begleiten durfte und hoffe, dass ihr die vielen Informationen und Ratschläge in eurem Leben anwenden könnt.

Wenn euch das Buch gefallen hat, würde ich mich sehr über eine positive Bewertung auf Amazon freuen. Eure Unterstützung würde mir helfen, mehr Menschen zu erreichen, die sich für dieses Thema interessieren.

Ich danke euch für eure Zeit und wünsche euch viel Glück auf eurem Weg zur virtuellen Assistentin!

Beste Grüße,

Agathe